Pokémon

LIBRO OFICIAL DE ACTIVIDADES
REGIÓN DE PALDEA

PIKACHU PRESS ™

Papel certificado por el Forest Stewardship Council®

MIXTO
Papel | Apoyando la
silvicultura responsable
FSC® C117695

Penguin
Random House
Grupo Editorial

Título original: *Pokémon: The Official Activity Book of the Paldea Region*

Primera edición: marzo de 2024

© 2023 Pokémon. © 1995-2023 Nintendo / Creatures Inc. /
GAME FREAK Inc. TM, ®, and character names are trademarks of Nintendo.
Todos los derechos reservados
Publicado originalmente por acuerdo con Scholastic Inc.
Publicado por Penguin Random House Grupo Editorial, S. A. U.
Travessera de Gràcia, 47-49. 08021 Barcelona
Traducido por Alícia Astorza Ligero

Printed in Spain - Impreso en España

ISBN: 978-84-19746-55-9
Depósito legal: B-583-2024

Compuesto en Comptex & Ass., S. L.
Impreso en Gómez Aparicio, S. L.
Casarrubuelos (Madrid)

GT 4 6 5 5 9

Pokémon

LIBRO OFICIAL DE ACTIVIDADES
REGIÓN DE PALDEA

TE DAMOS LA BIENVENIDA A LA REGIÓN DE PALDEA

Los tres Pokémon iniciales de Paldea (Sprigatito, Fuecoco y Quaxly), así como tu viejo amigo Pikachu, te acompañarán mientras recorres este libro completamente nuevo que está repleto de actividades. ¿Lo tienes todo preparado para conocer a los nuevos Pokémon que se han descubierto en Paldea? ¡Pues empecemos!

PESO Y ALTURA DE LOS POKÉMON DE LA REGIÓN DE PALDEA

A continuación encontrarás una tabla de referencia que te resultará muy útil para completar las actividades más difíciles. Consúltala si te quedas encallado o si quieres refrescar la memoria sobre algunos de los Pokémon que viven en Paldea. En esta tabla solo se incluyen Pokémon que aparecen en el libro.

ARMAROUGE
TIPO FUEGO / PSÍQUICO
A 1,5 m P 85,0 kg

AXEW
TIPO DRAGÓN
A 0,6 m P 18,0 kg

AZURILL
TIPO NORMAL / HADA
A 0,2 m P 2,0 kg

BELLIBOLT
TIPO ELÉCTRICO
A 1,2 m P 113,0 kg

CERULEDGE
TIPO FUEGO / FANTASMA
A 1,6 m P 62,0 kg

CETITAN
TIPO HIELO
A 4,5 m P 700,0 kg

CHEWTLE
TIPO AGUA
A 0,3 m P 8,5 kg

COLMILARGO
TIPO TIERRA / LUCHA
A 2,2 m P 320,0 kg

CYCLIZAR
TIPO DRAGÓN / NORMAL
A 1,6 m P 63,0 kg

DEDENNE
TIPO ELÉCTRICO / HADA
A 0,2 m P 2,2 kg

DIGLETT
TIPO TIERRA
A 0,2 m P 0,8 kg

DRAGONITE
TIPO DRAGÓN / VOLADOR
A 2,2 m P 210,0 kg

EEVEE
TIPO NORMAL
A 0,3 m P 6,5 kg

FARIGIRAF
TIPO NORMAL / PSÍQUICO
A 3,2 m P 160,0 kg

FIDOUGH
TIPO HADA
A 0,3 m P 10,9 kg

FINNEON
TIPO AGUA
A 0,4 m P 7,0 kg

FLETCHLING
TIPO NORMAL / VOLADOR
A 0,3 m P 1,7 kg

FUECOCO
TIPO FUEGO
A 0,4 m P 9,8 kg

GARCHOMP
TIPO DRAGÓN / TIERRA
A 1,9 m P 95,0 kg

GRAFAIAI
TIPO VENENO / NORMAL
A 0,7 m P 27,2 kg

GREAVARD
TIPO FANTASMA
A 0,6 m P 35,0 kg

GYARADOS
TIPO AGUA / VOLADOR
A 6,5 m P 235,0 kg

HAUNTER
TIPO FANTASMA / VENENO
A 1,6 m P 0,1 kg

HERACROSS
TIPO BICHO / LUCHA
A 1,5 m P 54,0 kg

HOPPIP
TIPO PLANTA / VOLADOR
A 0,4 m P 0,5 kg

KLAWF
TIPO ROCA
A 1,3 m P 79,0 kg

KORAIDON
TIPO LUCHA / DRAGÓN
A 2,5 m P 303,0 kg

LEAFEON
TIPO PLANTA
A 1,0 m P 25,5 kg

LECHONK
TIPO NORMAL
A 0,5 m P 10,2 kg

LITLEO
TIPO FUEGO / NORMAL
A 0,6 m P 13,5 kg

LYCANROC
TIPO ROCA
A 0,8 m P 25,0 kg

MAGIKARP
TIPO AGUA
A 0,9 m P 10,0 kg

MARILL
TIPO AGUA / HADA
A 0,4 m P 8,5 kg

MIMIKYU
TIPO FANTASMA / HADA
A 0,2 m P 0,7 kg

MIRAIDON
TIPO ELÉCTRICO / DRAGÓN
A 3,5 m P 240,0 kg

NUMEL
TIPO FUEGO / TIERRA
A 0,7 m P 24,0 kg

PAWMI
TIPO ELÉCTRICO
A 0,3 m P 2,5 kg

PIKACHU
TIPO ELÉCTRICO
A 0,4 m P 6,0 kg

PSYDUCK
TIPO AGUA
A 0,8 m P 19,6 kg

QUAXLY
TIPO AGUA
A 0,5 m P 6,1 kg

RAICHU
TIPO ELÉCTRICO
A 0,8 m P 30,0 kg

RALTS
TIPO PSÍQUICO / HADA
A 0,4 m P 6,6 kg

ROTOM
TIPO ELÉCTRICO / FANTASMA
A 0,3 m P 0,3 kg

SMOLIV
TIPO PLANTA / NORMAL
A 0,3 m P 6,5 kg

SPRIGATITO
TIPO PLANTA
A 0,4 m P 4,1 kg

STEENEE
TIPO PLANTA
A 0,7 m P 8,2 kg

SWABLU
TIPO NORMAL / VOLADOR
A 0,4 m P 1,2 kg

TALONFLAME
TIPO FUEGO / VOLADOR
A 1,2 m P 24,5 kg

UMBREON
TIPO SINIESTRO
A 1,0 m P 27,0 kg

VAPOREON
TIPO AGUA
A 1,0 m P 29,0 kg

WHISCASH
TIPO AGUA / TIERRA
A 0,9 m P 23,6 kg

WIGLETT
TIPO AGUA
A 1,2 m P 1,8 kg

¡HOLA, ENTRENADOR!

Antes de emprender la misión de completar este libro, tienes que registrarte oficialmente como explorador de la Región de Paldea.

Me llamo _____.

Mi cumpleaños es el _____.

Tengo _____ años.

Empecé a coleccionar Pokémon cuando tenía _____ años.

Me encantan los Pokémon porque _____
_____.

Mi Pokémon preferido es _____.

Mi tipo preferido de Pokémon es _____
porque _____.

Mi ataque Pokémon preferido es _____
porque _____.

¿Qué Pokémon te acompañará mientras recorres todas las aventuras de este libro?

Nombre: _____

Tipo: _____

Altura: _____

Peso: _____

ATRÉVETE A DESCIFRARLO

¿Se te da bien descifrar mensajes? Las pruebas de Pikachu lo aclararán de una vez por todas. Usa la leyenda que hay a continuación para descifrar el código y leer el mensaje oculto. ¡Dos de las letras ya están puestas!

 = A

= G

 = M

 = Q

= U

= C

= H

= N

 = R

= V

= D

= I

= O

 = S

= W

= E

= K

 = P

= T

= Y

= F

= L

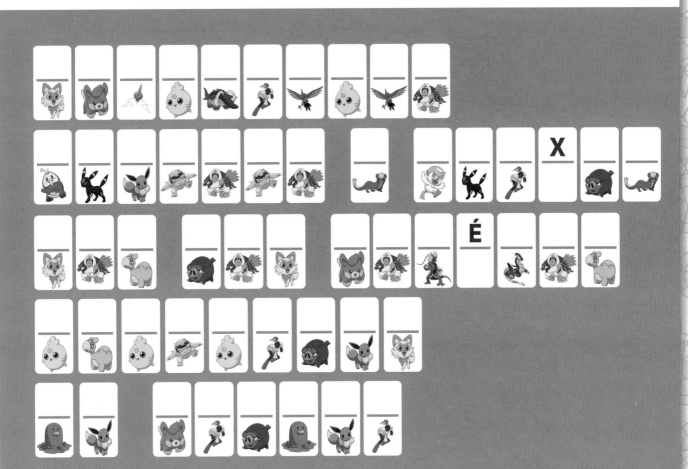

SOLUCIÓN EN LA PÁGINA 89

¡CAPTURA LAS PALABRAS OCULTAS!

Los tres Pokémon iniciales de Paldea (Sprigatito, Fuecoco y Quaxly) están escondidos en esta sopa de letras, junto con algunos de sus amigos Pokémon. ¿Serás capaz de encontrarlos a todos? Rodéalos con un círculo. ¡Tienes que buscar en horizontal, vertical y diagonal!

ARMAROUGE
AXEW
AZURILL
CHEWTLE
DIGLETT
DRAGONITE
EEVEE
FIDOUGH
FLETCHLING
FUECOCO
GARCHOMP
GYARADOS
HERACROSS
HOPPIP
KORAIDON
LECHONK
LITLEO
MIMIKYU
MIRAIDON
PAWMI
PIKACHU
PSYDUCK
QUAXLY

RAICHU
ROTOM
SPRIGATITO
SWABLU
UMBREON
VAPOREON
WHISCASH

```
J L S L Q P U M B R E O N W Y Y Q
R E W F S F F L E T C H L I N G O
C C A R Y P P F I L I T L E O N Y
P H B V A M R N P C B A X E W M U
S O L A W I O I N K O R A I D O N
Y N U P P G C D G O P K E A P R A
D K Y O A J L H V A T W J R I G Z
U Z P R W Y G O U M T H I M K Y U
C T D E M V G E H I M I E A A A R
K F V O I K E G O R I S T R C R I
K Z I N C V U H P A M C Q O H A L
D I G L E T T A P I I A U U U D L
G C H E W T L E I D K S A G K O N
R O T O M U C I P O Y H X E F S I
F I D O U G H X V N U D L J V K W
K D I G A R C H O M P J Y T C D F
H E R A C R O S S E F U E C O C O
```

PISTAS
A GRAN ESCALA

¿Tienes buen olfato para las investigaciones? ¿Sueles fijarte en los detalles? Pues entonces no te costará encontrar y rodear con un círculo la ilustración ampliada que encaja a la perfección con la ilustración de cuerpo entero de Lechonk.

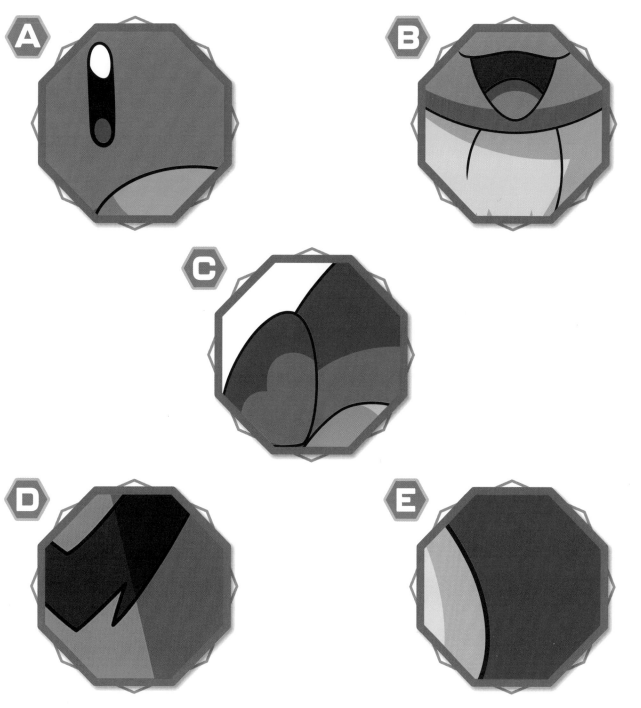

SOLUCIÓN EN LA PÁGINA 89

ORDENAR EL DESORDEN

Echa una mano a Pikachu y a ver cuánto tardas en reordenar el nombre de estos cinco amigos suyos, que son Pokémon que se han descubierto en Paldea. ¡Prepara un cronómetro y ponte manos a la obra!

1

ELDUERCEG

_____

2

RIFFGAAIR

_____

3

WPMIA

_____

4

AYUXQL

_____

5

TGLITWE

_____

SOLUCIÓN EN LA PÁGINA 89

PATRÓN DE POKÉ BALLS

¿Podrás seguir el patrón de Poké Balls desde la casilla de inicio hasta el final? Para completar la prueba con éxito, tienes que seguir en todo momento el patrón de las cuatro Poké Balls tal como se muestra a continuación, repitiéndolo una y otra vez hasta que llegues al final. Recuerda que solo puedes moverte en horizontal o en vertical.

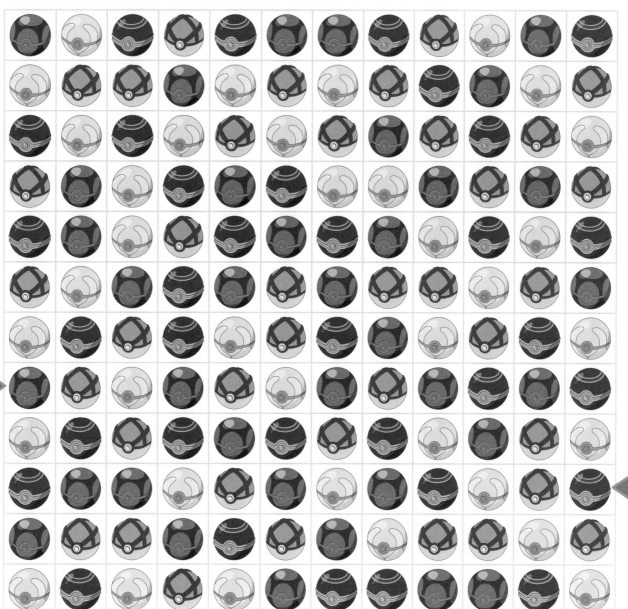

MISIÓN: COMPLETAR EL TEST

En esta misión podrás escoger entre cuatro opciones. Si aciertas, podrás continuar adelante. En cambio, si te equivocas, ¡tendrás que volver a empezar! Si en algún momento necesitas ayuda, puedes consultar la tabla con los datos de altura y peso de los Pokémon.

1 ¿Cuál de estos Pokémon NO es una evolución de Eevee?

- A. Vaporeon
- B. Umbreon
- C. Lechonk
- D. Jolteon

2 ¿Cuál de estos Pokémon NO es de tipo Eléctrico?

- A. Pawmi
- B. Dedenne
- C. Pikachu
- D. Smoliv

3 ¿Cuál de estos Pokémon pesa menos de 25 kg?

- A. Grafaiai
- B. Colmilargo
- C. Sprigatito
- D. Miraidon

4 ¿Cuál de estos Pokémon tiene cola?

- A. Klawf
- B. Koraidon
- C. Bellibolt
- D. Ceruledge

SOLUCIÓN EN LA PÁGINA 89

EVOLUCIÓN A PRUEBA

¿Recuerdas el orden en que evolucionan los Pokémon?
¿Sabes si un Pokémon evoluciona o no? Este reto de verdadero
o falso pondrá a prueba tus conocimientos.

VERDADERO FALSO

1 Lechonk evoluciona a Oinkologne.

2 Skeledirge es la evolución final de Fuecoco.

3 Smoliv evoluciona a Dollic.

4 Sprigatito es la evolución final de Floragato.

5 Tadbulb evoluciona a Bellibolt.

6 Bonsly no evoluciona.

7 La evolución final de Fraxure es Axew.

8 Swablu evoluciona a Altaria.

9 Finneon no evoluciona.

10 Barboach evoluciona a Whiscash.

SOLUCIÓN EN LA PÁGINA 89

ADIVINA EL POKÉMON

¿Serás capaz de identificar a estos Pokémon partiendo de unas pocas pistas? A continuación encontrarás algunos datos básicos y tendrás que escribir el nombre de cada Pokémon. Si necesitas una pista, fíjate en los Pokémon que aparecen en esta página.

1 **TIPO:** Eléctrico-Dragón
CATEGORÍA: Paradoja
DEBE SER:

2 **TIPO:** Hielo
CATEGORÍA: Geoballena
DEBE SER:

3 **TIPO:** Lucha-Dragón
CATEGORÍA: Paradoja
DEBE SER:

4 **TIPO:** Fuego
CATEGORÍA: Fuegodrilo
DEBE SER:

5 **TIPO:** Fuego-Fantasma
CATEGORÍA: Piroespada
DEBE SER:

6 **TIPO:** Tierra-Lucha
CATEGORÍA: Paradoja
DEBE SER:

SOLUCIÓN EN LA PÁGINA 89

UN GRAN LABERINTO

Traza una línea en el laberinto para indicar el camino que tiene que seguir Pikachu para encontrar a su amigo de tipo Eléctrico.

FINAL

FINAL

INICIO

FINAL

SOLUCIÓN EN LA PÁGINA 89

PONTE RECTO Y DA LA TALLA

Te proponemos un reto muy difícil: ordenar estos Pokémon por altura. ¿Conseguirás hacerlo sin ninguna pista? No te asustes: siempre puedes consultar la tabla con los datos de altura y peso de los Pokémon si necesitas ayuda. Numera a estos Pokémon del más bajo (1) al más alto (6).

QUAXLY

_____

WIGLETT

_____

FARIGIRAF

_____

FIDOUGH

_____

CYCLIZAR

_____

KLAWF

_____

SOLUCIÓN EN LA PÁGINA 89

PAREJAS DUALES

Para completar esta tarea, tendrás que poner a prueba tus conocimientos sobre los Pokémon de tipo dual. Aunque puedas identificarlos, ¿sabes con certeza cuáles son sus dos tipos? Traza una línea desde el nombre del Pokémon hasta los tipos correspondientes.

GYARADOS

FUEGO-PSÍQUICO

FUEGO-FANTASMA

NORMAL-VOLADOR

VENENO-NORMAL

AGUA-VOLADOR

TIERRA-SINIESTRO

ROCA-TIERRA

NORMAL-VOLADOR

CERULEDGE

KROKOROK

SWABLU

LARVITAR

FLETCHLING

ARMAROUGE

GRAFAIAI

SOLUCIÓN EN LA PÁGINA 90

DESAFÍO SUDOKU

Para completar este reto, tienes que usar el símbolo de estos cuatro tipos de Pokémon (Fuego, Agua, Planta y Eléctrico) para rellenar esta tabla. Te hemos puesto cuatro símbolos para que empieces con buen pie, y ahora solo tienes que añadir el resto, pero recuerda que cada símbolo solo lo puedes usar una vez en cada columna y fila. Tampoco puedes repetir el mismo símbolo dentro de los cuadrados más pequeños de 4 × 4 que están marcados en la tabla.

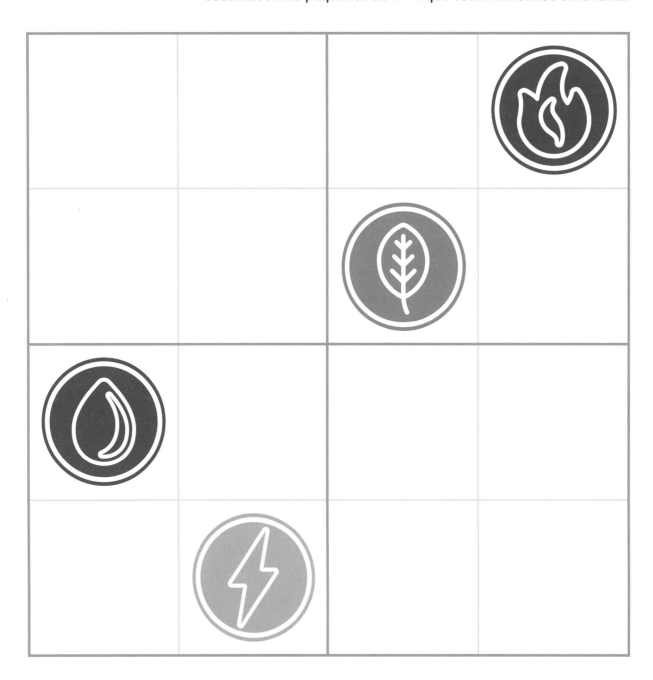

SOLUCIÓN EN LA PÁGINA 90

ATRÉVETE A DESCIFRARLO

En el primer reto del libro ya has demostrado tus habilidades para descifrar códigos. Esta vez, ponte un cronómetro para ver cuánto tardas en encontrar las palabras que faltan. Usa la leyenda que hay a continuación para descifrar el código y resolver el mensaje.

 = A = F = K = O = U

= C = G = L = R = V

= D = H = M = S = W

= E = I = N = T = Y

Este Pokémon de tipo ,

 ,

siempre está buscando

con su

del .

SOLUCIÓN EN LA PÁGINA 90

ROMPECABEZAS POKÉMON

A este rompecabezas de Quaxly le faltan unas cuantas piezas clave. Cada una solo puede encajar en un lugar en concreto. ¿Serás capaz de trazar una línea desde cada pieza suelta hasta el lugar que le corresponde?

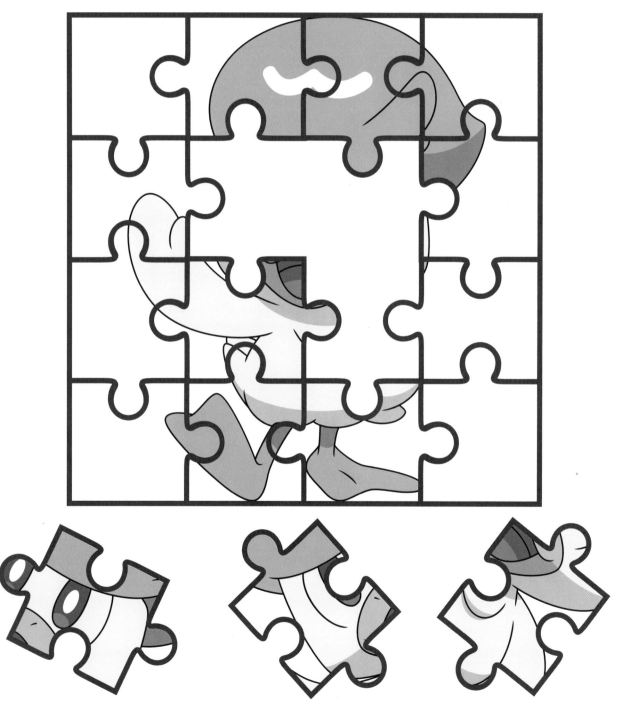

SOLUCIÓN EN LA PÁGINA 90

CAMINITO DE POKÉMON DE TIPO PLANTA

Sprigatito necesita que le eches una mano para recorrer este laberinto de Pokémon, pero solo puede pasar por donde ya haya pasado un Pokémon de tipo Planta. Empieza desde arriba y lleva a Sprigatito hasta la casilla final.

INICIO

FINAL

SOLUCIÓN EN LA PÁGINA 90

RETO DEL CRUCIGRAMA

¿Se te dan bien los crucigramas? Demuestra tus habilidades usando las descripciones de la página siguiente para identificar a los diez Pokémon que se ocultan en este crucigrama. Si necesitas una pista, fíjate en las ilustraciones de estas páginas.

HORIZONTAL

2. La extensión y contracción de los músculos de este Pokémon de tipo Eléctrico genera electricidad. Brilla cuando está en peligro.

3. Un Pokémon muy afable que no soporta la soledad. Seguirá para siempre a quien le dé una mínima muestra de atención.

5. El gel que este Pokémon de tipo Agua secreta por las plumas repele el agua y la mugre.

7. Con su cuerpo eléctrico, el Pokémon Plasma puede infiltrarse en algunos aparatos para controlarlos y hacer travesuras.

8. Este Pokémon de tipo Fuego yace sobre rocas calientes, cuyo calor transforma en energía ígnea tras absorberlo por sus escamas rectangulares.

9. Cuando se enfada, este Pokémon de tipo Eléctrico descarga la energía que almacena en el interior de las bolsas de las mejillas.

VERTICAL

1. Según lo narrado en un antiguo diario, este Pokémon de tipo Lucha-Dragón fue capaz de dividir la tierra con sus puños.

2. Su sedoso pelaje se asemeja en composición a las plantas. Este Pokémon de tipo Planta se lava la cara con diligencia para que no se le seque.

4. Pese a las similitudes con los Cyclizar, este Pokémon de tipo Eléctrico-Dragón es mucho más fuerte y despiadado que ellos.

6. Este Pokémon de tipo Normal posee un olfato muy desarrollado que emplea únicamente para buscar comida, actividad a la que dedica el día entero.

¿QUÉ POKÉMON ES?

¿Eres capaz de identificar a un Pokémon solo por su silueta? Lo descubrirás precisamente en este reto, ya que Sprigatito necesita tu ayuda para escribir el nombre de sus amigos Pokémon de tipo Planta.

1

2

3

4

5

6

¿ERES UN EXPERTO EN QUAXLY?

¿Eres un experto en Quaxly? ¿Podrías demostrarlo? ¡Ahora tienes la oportunidad de hacerlo! Reflexiona atentamente antes de responder las siguientes preguntas. Tu puesto en la clasificación dependerá de ello.

1 Altura: _____

2 Peso: _____

3 Tipo: _____

4 Quaxly es el Pokémon _____.

5 Quaxly evoluciona a _____.

6 Quaxly lleva un _____.

7 El gel que secreta por las plumas repele el _____ y la _____.

8 Sus debilidades son _____ y _____.

- **1-2 respuestas correctas:**
  Puedes identificar a Quaxly, pero te queda mucho por aprender.

- **3-4 respuestas correctas:**
  Todavía estás empezando a conocer a Quaxly.

- **5-6 respuestas correctas:**
  Está claro que eres muy fan de Quaxly.

- **7-8 respuestas correctas:**
  ¡Felicidades! Sin duda, eres un gran experto en Quaxly.

SOLUCIÓN EN LA PÁGINA 90

PATRÓN DE POKÉMON

Esta vez, el reto de los patrones incluye a Pikachu y los tres iniciales de Paldea: Sprigatito, Fuecoco y Quaxly. Recuerda que tienes que seguir con exactitud el patrón que se indica a continuación, repitiéndolo una y otra vez hasta que llegues al final. No olvides que solo puedes moverte en horizontal y vertical.

LEYENDA

FINAL

INICIO

SOLUCIÓN EN LA PÁGINA 90

ATRÉVETE A DESCIFRARLO

A veces las cosas no son tan fáciles como parece a primera vista. Para descodificar el final de este mensaje, tienes que seguir cada una de estas líneas hasta encontrar el espacio que ocupa cada letra. ¡Suerte!

NO TODOS LOS POKÉMON TIENEN UNA...

NUEVOS POKÉMON DESCUBIERTOS EN PALDEA

¿Cuáles de estos Pokémon se acaban de descubrir en Paldea? Rodea con un círculo todos los Pokémon que se han descubierto en esta región.

QUAXLY

SPRIGATITO

FUECOCO

LECHONK

PIKACHU

GRAFAIAI

PSYDUCK

CETITAN

ARMAROUGE

CYCLIZAR

BLISSEY

DIGLETT

SOLUCIÓN EN LA PÁGINA 91

¡CAPTURA LAS PALABRAS OCULTAS!

¿Puedes nombrar los 18 tipos de Pokémon de memoria? La lista de abajo te permitirá comprobarlo. Luego encuentra en la sopa de letras todos los tipos y rodéalos con un círculo. ¡Tendrás que buscar en horizontal, en vertical y también en diagonal!

```
H  D  I  A  E  N  I  O  O  M  V  E  M  E  Y
K  R  A  S  C  A  B  M  M  T  E  X  P  Q  I
D  A  S  A  X  E  N  I  H  I  N  P  P  E  V
Q  G  I  G  F  E  R  N  C  E  E  L  S  T  O
I  O  N  F  A  B  L  O  C  H  N  A  I  N  L
T  N  I  U  N  H  Y  E  W  V  O  N  Q  N  A
I  B  E  E  T  Y  J  P  C  V  H  T  U  C  D
E  M  S  G  A  G  U  A  H  T  Z  A  I  A  O
R  W  T  O  S  H  X  D  I  N  R  O  C  Y  R
R  V  P  M  V  Q  N  G  H  D  I  O  T  W
A  B  O  C  A  I  M  J  C  T  R  O  C  A  O
L  U  C  H  A  L  H  A  D  A  X  U  Q  O  G
D  C  U  H  I  E  L  O  G  G  R  M  O  N  H
O  J  T  I  G  G  T  X  U  Q  O  L  R  A  C
R  E  M  D  V  N  O  R  M  A  L  O  J  H  I
```

ACERO	**FUEGO**	**PSÍQUICO**
AGUA	**HADA**	**ROCA**
BICHO	**HIELO**	**SINIESTRO**
DRAGÓN	**LUCHA**	**TIERRA**
ELÉCTRICO	**NORMAL**	**VENENO**
FANTASMA	**PLANTA**	**VOLADOR**

SOLUCIÓN EN LA PÁGINA 91

PISTAS
A GRAN ESCALA

¿Sueles fijarte mucho en los detalles? ¿Eres capaz de descubrir cuál de estas imágenes ampliadas encaja con la ilustración a cuerpo entero de Quaxly? Rodea con un círculo tu respuesta definitiva. ¡Hay muchos pares de ojos atentos para ver si lo haces bien!

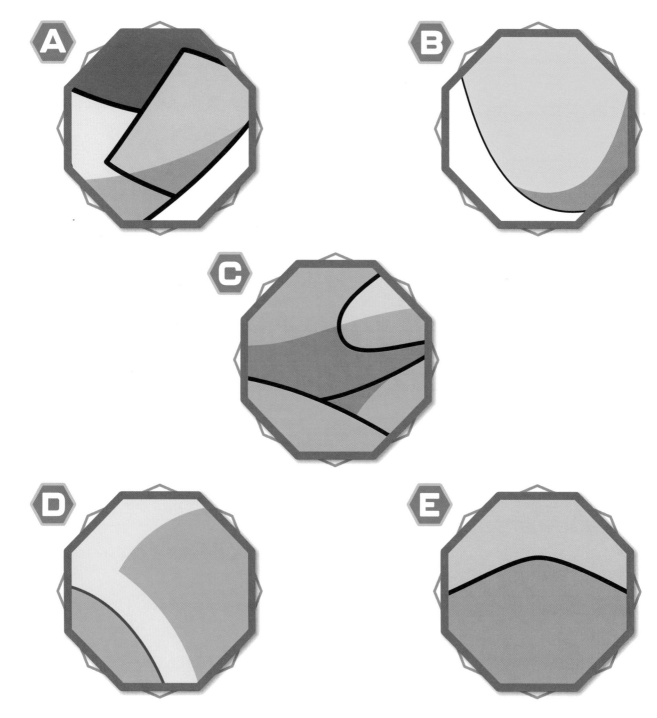

MISIÓN: COMPLETAR EL TEST

Intenta completar esta misión sin ayuda. ¡Los Entrenadores más listos conseguirán completar la prueba! No lo olvides: si hace falta, puedes consultar la tabla con los datos de altura y peso de los Pokémon.

1 ¿Cuál de estos Pokémon NO es de tipo Agua?

- [ ] A. Psyduck
- [ ] B. Greavard
- [ ] C. Marill
- [ ] D. Quaxly

2 ¿Cuál de estos Pokémon de tipo dual es Volador?

- [ ] A. Whiscash
- [ ] B. Colmilargo
- [ ] C. Cyclizar
- [ ] D. Gyarados

3 ¿Cuál de estos Pokémon NO tiene un cuerno?

- [ ] A. Chewtle
- [ ] B. Heracross
- [ ] C. Axew
- [ ] D. Ceruledge

4 ¿Cuál de estos Pokémon mide más de 3,5 m?

- [ ] A. Cetitan
- [ ] B. Farigiraf
- [ ] C. Dragonite
- [ ] D. Armarouge

SOLUCIÓN EN LA PÁGINA 91

HORA DE INCLINAR LA BALANZA

Hay una gran diferencia de peso entre todos estos Pokémon. ¿Podrás ordenarlos del que pesa menos (1) al que pesa más (6)? Si necesitas alguna pista, siempre puedes consultar la tabla con los datos de altura y peso de los Pokémon.

KLAWF

MIRAIDON

FUECOCO

PAWMI

CETITAN

GRAFAIAI

RESPUESTA:

1 _____

2 _____

3 _____

4 _____

5 _____

6 _____

32

SOLUCIÓN EN LA PÁGINA 91

UN GRAN LABERINTO

Ayuda a Fuecoco a llegar a la salida donde hace guardia otro Pokémon de tipo Fuego.

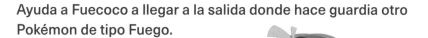

INICIO

FINAL   FINAL   FINAL

¿ERES UN EXPERTO EN LECHONK?

¿Eres un experto en Lechonk? ¿Podrías demostrarlo? ¡Ahora tienes la oportunidad de hacerlo! Reflexiona atentamente antes de responder las siguientes preguntas. Tu puesto en la clasificación dependerá de ello.

1 Altura: _____

2 Peso: _____

3 Tipo: _____

4 Lechonk es el Pokémon _____.

5 Lechonk evoluciona a _____.

6 Lechonk posee un _____ muy desarrollado.

7 Lechonk siempre busca _____.

8 Su nariz es de color _____.

• **1-2 respuestas correctas:**
  Puedes identificar a Lechonk, pero te queda mucho por aprender.

• **3-4 respuestas correctas:**
  Todavía estás empezando a conocer a Lechonk.

• **5-6 respuestas correctas:**
  Está claro que eres muy fan de Lechonk.

• **7-8 respuestas correctas:**
  ¡Felicidades! Sin duda, eres un gran experto en Lechonk.

PATRÓN DE BAYAS

En esta ocasión tienes que seguir un patrón de bayas desde el inicio hasta el final. Para completar esta prueba tan afrutada y complicada, tienes que seguir en todo momento este patrón de cuatro bayas tal como se muestra a continuación, repitiéndolo una y otra vez hasta que llegues al final. Recuerda que solo puedes moverte en horizontal o en vertical.

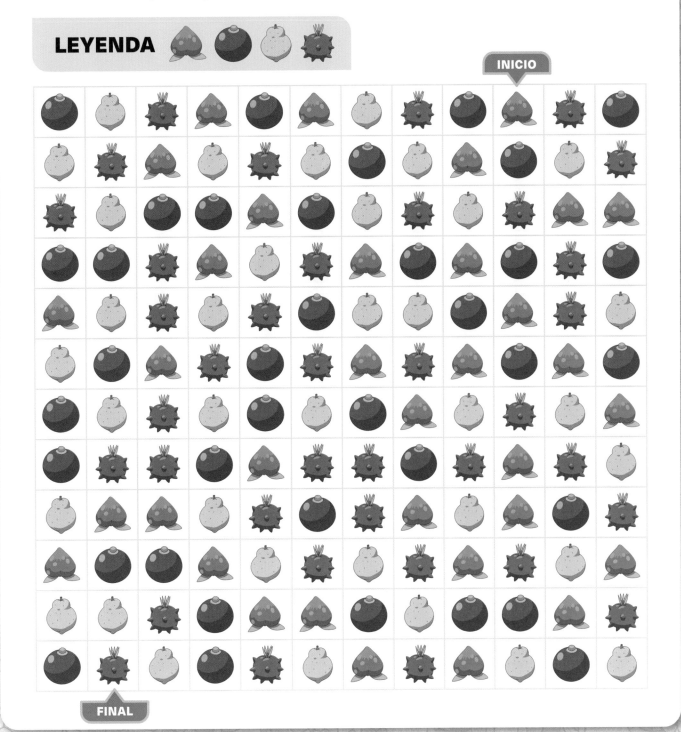

ORDENAR EL DESORDEN

Ya te has enfrentado a un reto parecido antes. ¿Esta vez podrás mejorar tu tiempo? Ayuda a Pikachu a ordenar el nombre de estos Pokémon, que son cinco amigos más que ha descubierto en Paldea. ¡A ver si ahora puedes hacerlo un poco más rápido!

1

TTEANIC

_____

3

MOLIGRALOC

_____

2

ZLYRICAC

_____

4

HKLENCO

_____

5

ORTTPSGIIA

_____

¿QUÉ POKÉMON ES?

¿Lo tienes todo a punto para otra ronda de identificar Pokémon?
Fíjate muy bien en la silueta de todos estos Pokémon y ayuda a
Quaxly a escribir el nombre de sus amigos de tipo Agua.

1

_____

2

_____

3

_____

4

_____

5

_____

6

_____

SOLUCIÓN EN LA PÁGINA 92

ROMPECABEZAS POKÉMON

En esta ronda, es a Sprigatito a quien le faltan algunas piezas del puzle. Recuerda que cada pieza solamente puede encajar en una posición. ¿Lograrás trazar una línea desde cada pieza suelta hasta el lugar que le corresponde?

SOLUCIÓN EN LA PÁGINA 92

CAMINITO DE POKÉMON DE TIPO AGUA

Ahora es Quaxly quien necesita tu ayuda para recorrer este laberinto lleno de Pokémon, pero solo puede pasar por las casillas por donde ya hayan pasado otros Pokémon de tipo Agua. Empieza desde arriba y lleva a Quaxly hasta la casilla de salida.

INICIO

FINAL

SOLUCIÓN EN LA PÁGINA 92

¿A CUÁNTOS PUEDES NOMBRAR?

Pon a prueba tus conocimientos de los nuevos Pokémon que se han descubierto en Paldea y que aparecen en este libro. Si te quedas encallado, puedes consultar la tabla con los datos de altura y peso de los Pokémon.

1 Solo tienen un tipo: _____

_____

2 No evolucionan: _____

_____

3 Se mueven a cuatro patas: _____

_____

4 Pueden volar: _____

5 Miden menos de 0,6 m: _____

_____

6 Son de tipo dual: _____

_____

7 Pesan más de 45 kg: _____

_____

8 Tienen cola: _____

_____

SOLUCIÓN EN LA PÁGINA 92

EVOLUCIÓN A PRUEBA

Pon a prueba tus conocimientos sobre las evoluciones Pokémon con otro reto de verdadero o falso. Puede que en algún momento te apetezca lanzar una moneda para decidir tu respuesta, pero piénsatelo bien porque esa estrategia no te garantizará una puntuación perfecta.

VERDADERO FALSO

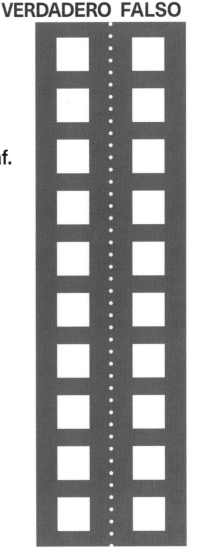

1 Tanto Armarouge como Ceruledge pueden evolucionar a Charcadet.

2 Cyclizar evoluciona a Cetitan.

3 Girafarig solo tiene una evolución: Farigiraf.

4 Dachsbun evoluciona a Fidough.

5 Houndstone es la evolución final de Greavard.

6 Pawmo es la evolución final de Pawmi.

7 Quaxly no evoluciona.

8 Colmilargo no evoluciona.

9 Miraidon y Koraidon no evolucionan.

10 Pichu evoluciona a Pikachu.

SOLUCIÓN EN LA PÁGINA 92

RETO DEL CRUCIGRAMA

Ha llegado el momento de volver a demostrar tus habilidades para completar crucigramas con estas diez descripciones de Pokémon. No olvides que los Pokémon que aparecen en estas páginas están aquí para echarte un cable.

SOLUCIÓN EN LA PÁGINA 92

1. Acecha a sus presas colgado cabeza abajo de los acantilados, pero no puede aguantar así mucho tiempo porque se le sube la sangre a la cabeza.

3. El color de la saliva venenosa del Pokémon Mono Veneno varía según su alimentación. Se embadurna los dedos con ella para pintar motivos en los árboles del bosque.

4. Tiene la cabeza dura como el acero y es capaz de destrozar rocas. El sueño de este Pokémon de tipo Dragón es que le crezcan alas para volar.

5. Este Pokémon de tipo Hada resulta húmedo y suave al tacto. Hace fermentar las cosas a su alrededor con la levadura de su aliento.

7. Gracias a los cuernos rojos de su cabeza, este Pokémon de tipo Psíquico-Hada puede captar lo que sienten las personas.

HORIZONTAL

2. Testigos afirman haber visto recientemente a este Pokémon de tipo Tierra-Lucha. Su nombre está tomado de una criatura mencionada en cierto libro.

6. Aunque es muy admirado por el pelaje, es difícil de entrenar como mascota porque enseguida suelta arañazos.

7. Su cola actúa como toma de tierra y descarga electricidad al suelo, lo que protege a la evolución de Pikachu de los calambrazos.

8. Se transforma en otros para crear desconcierto. A menudo, adopta la forma de un niño parco en palabras.

9. El Pokémon Cóngrido puede percibir el olor de los Veluza a 20 m de distancia, lo que le permite ocultarse bajo la arena a tiempo.

¡CAPTURA LAS PALABRAS OCULTAS!

A estas alturas ya deberías ser capaz de identificar a los veinte nuevos Pokémon que se han descubierto en Paldea que aparecen en la siguiente lista. ¿Puedes encontrarlos a todos? Rodéalos con un círculo. ¡Tendrás que buscar en horizontal, en vertical y también en diagonal!

ARMAROUGE

BELLIBOLT

CERULEDGE

CETITAN

COLMILARGO

CYCLIZAR

FARIGIRAF

FIDOUGH

FUECOCO

GRAFAIAI

GREAVARD

KLAWF

KORAIDON

LECHONK

MIRAIDON

PAWMI

QUAXLY

SMOLIV

SPRIGATITO

WIGLETT

```
S P R I G A T I T O Y L H B X
G O Y P A W M I Q L W E Z E D
V C W A H O Q Q X I D C L L N
L O R R V M T A A R B H M L Q
P L G M M Y U L A P Z O V I V
D M R A L Q R V M R R N K B N
O I A R C I A P L E F K H O A
F L F O V E D R G A F N D L F
I A A U R T A D R T O I C T F
D R I G U Z E I T D A S E K U
O G A E I L G E I R B M T L E
U O I L U I L A O G I O I A C
G Q C R R G R K R P N L T W O
H Y E A I I Y T N J Q I A F C
C C F W M I A Y N O M V N I O
```

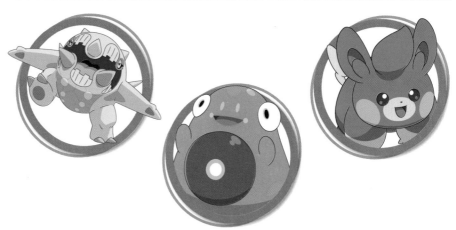

SOLUCIÓN EN LA PÁGINA 92

¿ERES UN EXPERTO EN SPRIGATITO?

¿Eres un experto en Sprigatito? ¿Podrías demostrarlo? ¡Ahora tienes la oportunidad de hacerlo! Reflexiona atentamente antes de responder las siguientes preguntas. Tu puesto en la clasificación dependerá de ello.

1 Altura: _____

2 Peso: _____

3 Tipo: _____

4 Sprigatito es el Pokémon _____.

5 Sprigatito evoluciona a _____.

6 A menudo _____ para que no se le seque.

7 Los ojos de Sprigatito son de color _____.

8 La composición de su sedoso pelaje se asemeja a las _____.

- **1-2 respuestas correctas:**
  Puedes identificar a Sprigatito, pero te queda mucho por aprender.
- **3-4 respuestas correctas:**
  Todavía estás empezando a conocer a Sprigatito.
- **5-6 respuestas correctas:**
  Está claro que eres muy fan de Sprigatito.
- **7-8 respuestas correctas:**
  ¡Felicidades! Sin duda, eres un gran experto en Sprigatito.

SOLUCIÓN EN LA PÁGINA 92

ADIVINA EL POKÉMON

Te espera otra ronda de datos y pistas, en este caso sobre los Pokémon de esta página. Comprueba detalladamente todos los datos y escribe el nombre de cada Pokémon en el espacio en blanco.

1 **TIPO:** Planta-Normal
CATEGORÍA: Aceituna
DEBE SER:

2 **TIPO:** Agua
CATEGORÍA: Patito
DEBE SER:

3 **TIPO:** Hada
CATEGORÍA: Perrito
DEBE SER:

4 **TIPO:** Eléctrico
CATEGORÍA: Electrorrana
DEBE SER:

5 **TIPO:** Fuego-Psíquico
CATEGORÍA: Piroguerrero
DEBE SER:

6 **TIPO:** Dragón-Normal
CATEGORÍA: Montura
DEBE SER:

ATRÉVETE A DESCIFRARLO

Has completado con éxito la primera prueba de esta categoría. ¿Esta vez podrás desenredar aún más rápido todas estas líneas para descubrir a qué espacio corresponde cada letra? ¡El tiempo es oro!

EL POKÉMON QUE APARECE EN ESTA PÁGINA ES DE...

SOLUCIÓN EN LA PÁGINA 93

¿QUÉ POKÉMON ES?

En esta ocasión, Fuecoco necesita ayuda para identificar a sus amigos de tipo Fuego. Estudia muy bien todas las siluetas antes de escribir debajo de cada una tu respuesta.

1

2

3

4

5

6

SOLUCIÓN EN LA PÁGINA 93

MISIÓN: COMPLETAR EL TEST

Si quieres que el reto sea aún más difícil, ponte un cronómetro. ¿Cuánto tardarás en responder estas cuatro preguntas? Recuerda que puedes consultar la tabla de referencia.

1 ¿Cuál de estos Pokémon NO es de tipo dual?

- A. Koraidon
- B. Miraidon
- C. Smoliv
- D. Bellibolt

2 ¿Cuál de estos Pokémon sabe nadar?

- A. Finneon
- B. Swablu
- C. Ralts
- D. Petilil

3 ¿Cuál de estos Pokémon NO es de tipo Fuego?

- A. Armarouge
- B. Fuecoco
- C. Grafaiai
- D. Ceruledge

4 ¿Cuál de estos Pokémon pesa más de 450 kg?

- A. Cetitan
- B. Colmilargo
- C. Dragonite
- D. Gyarados

SOLUCIÓN EN LA PÁGINA 93

PISTAS A GRAN ESCALA

¡Atención! En esta prueba, tienes que confiar en tu vista. Necesitarás una mirada muy atenta para capturar todos los detalles y descubrir cuál de estas imágenes ampliadas se corresponde con la imagen a cuerpo entero de Sprigatito.

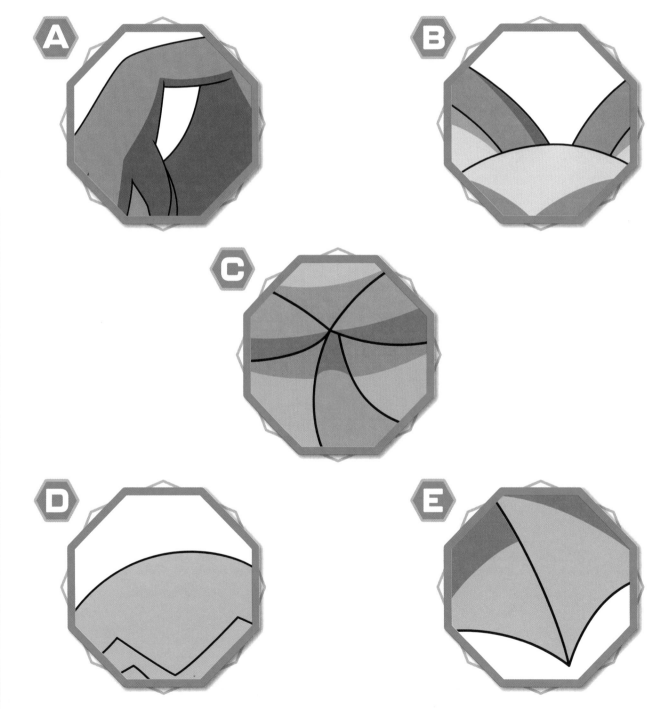

PONTE RECTO Y DA LA TALLA

Ordena estos Pokémon del más bajo (1) al más alto (7). Cuidado: hay algunos que tienen una altura muy similar. Si necesitas ayuda, recuerda que siempre puedes consultar la tabla con los datos de altura y peso de los Pokémon.

ARMAROUGE

LECHONK

SPRIGATITO

COLMILARGO

MIRAIDON

GRAFAIAI

PAWMI

RETO DEL CRUCIGRAMA

Diez nuevas descripciones de Pokémon te esperan en este crucigrama. Si necesitas alguna pista, no olvides que puedes echarle un vistazo a los Pokémon que aparecen en estas páginas.

HORIZONTAL

3. El Pokémon Geoballena vive en áreas cubiertas de nieve y hielo. Se protege con su fuerte musculatura y una gruesa capa de grasa subcutánea.

5. Este Pokémon Fantasma sorprende a la gente en mitad de la noche y acumula su miedo como energía.

7. Se defiende de sus rivales segregando por el fruto de su cabeza un aceite tan amargo y agrio que cualquiera daría un respingo al probarlo.

9. Este Pokémon de tipo Hielo-Volador transporta comida durante todo el día. Según dicen, muchos desaparecidos han sobrevivido gracias a ella.

10. Vive en grupos en las copas de los árboles. Si el Pokémon Mono Cerdo pierde de vista a su manada, se siente solo y se enfada.

VERTICAL

1. A este Pokémon de tipo Bicho-Lucha le encanta la savia dulce y usa su cuerno para lanzar por los aires a cualquiera que se acerque a ella.

2. Como las bolsas de sus mejillas están poco desarrolladas, el Pokémon Ratón genera electricidad frotándolas con las almohadillas de sus patas delanteras.

4. Las ondas cerebrales de la cola y la cabeza van al compás, lo que le confiere poderes psíquicos diez veces más potentes que los de los Girafarig.

6. Este Pokémon de tipo Siniestro-Hielo es muy astuto. Se vale de la oscuridad de la noche para atacar a su presa.

8. Vive en lugares oscuros donde no llega el sol. Cuando se deja ver por la gente, oculta todo su cuerpo bajo un saco con aspecto de Pikachu.

UN GRAN LABERINTO

Sprigatito y su amigo de tipo Planta tienen que llegar hasta el símbolo del tipo Planta que hay en el centro del laberinto. ¡Te toca a ti llevar a los dos Pokémon hasta su objetivo!

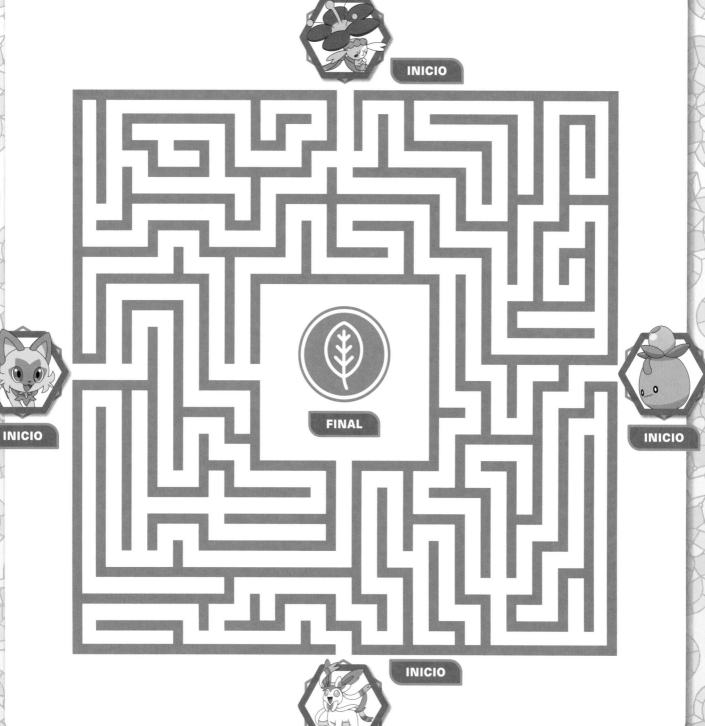

CAMINITO DE POKÉMON DE TIPO FUEGO

Ahora le toca a Fuecoco encontrar el camino en este laberinto lleno de Pokémon, pero solo puede pasar por las casillas por donde ya hayan pasado otros Pokémon de tipo Fuego. Empieza desde arriba y ayuda a Fuecoco a llegar hasta el final.

INICIO

FINAL

PAREJAS DUALES

Has llegado a la segunda ronda del reto de parejas duales. Aquí encontrarás toda la información que necesitas para poder trazar una línea que vaya desde el nombre del Pokémon hasta los dos tipos que le corresponden. Piénsatelo bien.

FARIGIRAF

HAUNTER

DRAGÓN-NORMAL

DRAGÓN-VOLADOR

NORMAL-PSÍQUICO

TIERRA-LUCHA

FANTASMA-VENENO

ELÉCTRICO-DRAGÓN

ELÉCTRICO-FANTASMA

AGUA-PSÍQUICO

COLMILARGO

ROTOM

CYCLIZAR

SLOWBRO

MIRAIDON

DRAGONITE

¿ERES UN EXPERTO EN FUECOCO?

¿Eres un experto en Fuecoco? ¿Podrías demostrarlo? ¡Ahora tienes la oportunidad de hacerlo! Reflexiona atentamente antes de responder las siguientes preguntas. Tu puesto en la clasificación dependerá de ello.

1 Altura: _____

2 Peso: _____

3 Tipo: _____

4 Fuecoco es el Pokémon _____.

5 Fuecoco evoluciona a _____.

6 Yace sobre _____ calientes.

7 Tras absorber el calor por sus escamas rectangulares, Fuecoco se transforma en _____ _____.

8 Sus debilidades son _____, _____ y _____.

- **1-2 respuestas correctas:** Puedes identificar a Fuecoco, pero te queda mucho por aprender.
- **3-4 respuestas correctas:** Todavía estás empezando a conocer a Fuecoco.
- **5-6 respuestas correctas:** Está claro que eres muy fan de Fuecoco.
- **7-8 respuestas correctas:** ¡Felicidades! Sin duda, eres un gran experto en Fuecoco.

SOLUCIÓN EN LA PÁGINA 93

ROMPECABEZAS POKÉMON

Ahora es Lechonk quien intenta usar su gran olfato para encontrar las piezas que faltan en este rompecabezas. Recuerda que cada pieza solamente encaja en un espacio en concreto. ¿Podrás trazar una línea desde cada pieza suelta hasta el lugar que le corresponde?

SOLUCIÓN EN LA PÁGINA 94

EVOLUCIÓN A PRUEBA

¿Verdadero o falso? A estas alturas ya dominas esta clase de retos. Ahora podrás demostrar tus habilidades con el último desafío de verdadero o falso. ¿Qué puntuación obtendrás?

VERDADERO FALSO

1 Dragonite es la evolución final de Dragapult.

2 Eevee puede evolucionar a ocho formas diferentes.

3 Golduck evoluciona a Psyduck.

4 Igglybuff evoluciona a Jigglypuff antes de alcanzar su evolución final, Wigglytuff.

5 La evolución final de Gible es Garchomp.

6 Wiglett evoluciona a Diglett.

7 Shroodle evoluciona a Grafaiai.

8 Gastly evoluciona a Haunter antes de evolucionar a Gengar.

9 Chansey evoluciona a Hoppip.

10 La evolución final de Fletchling, el Pokémon Petirrojo, es Talonflame.

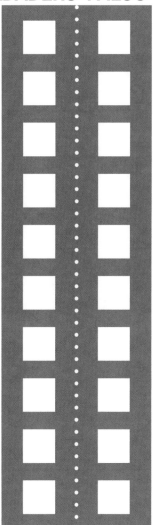

SOLUCIÓN EN LA PÁGINA 94

PISTAS
A GRAN ESCALA

¿Eres capaz de encontrar la imagen ampliada que corresponde a la imagen de cuerpo entero de Fidough? Tal vez creas que tienes la respuesta enseguida, pero compruébalo bien antes de rodear con un círculo la respuesta final.

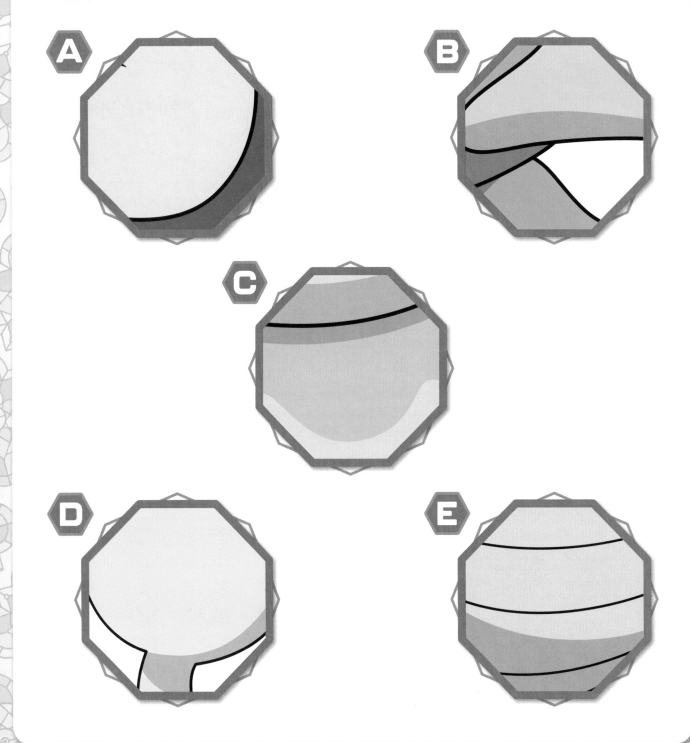

SOLUCIÓN EN LA PÁGINA 94

DESAFÍO SUDOKU

Para completar este reto, tienes que usar estas cuatro Poké Balls diferentes para rellenar la tabla que hay a continuación. Te hemos puesto cuatro Poké Balls para que empieces con buen pie, y ahora tienes que añadir el resto, pero recuerda que cada Poké Ball solo la puedes usar una vez en cada columna y fila. Tampoco puedes repetir la misma Poké Ball dentro de los cuadrados más pequeños de 4 × 4 que están marcados en la tabla.

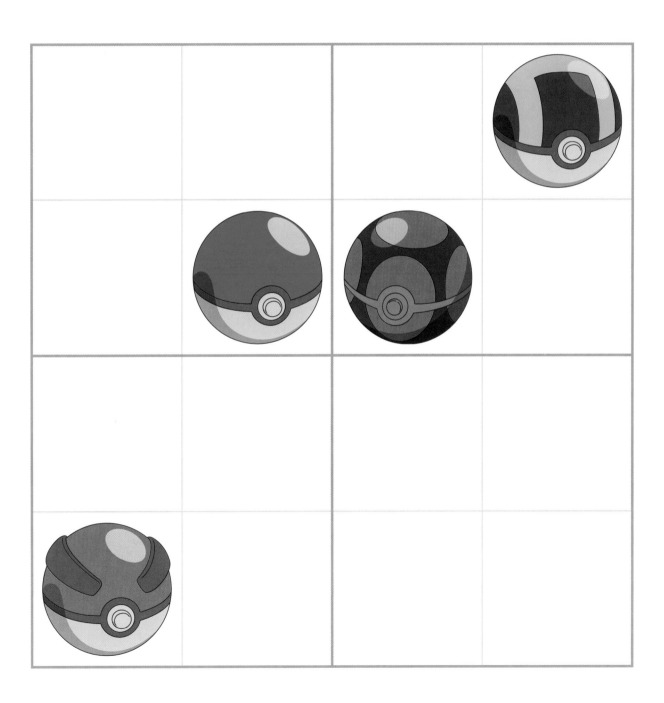

SOLUCIÓN EN LA PÁGINA 94

RETO DEL CRUCIGRAMA

¿Tus habilidades para completar crucigramas van mejorando? Ahora te toca identificar a otros diez Pokémon. Recuerda, puedes usar las ilustraciones de estas dos páginas para ayudarte a encontrar los Pokémon de las descripciones.

3. Cuando aparece este Pokémon de tipo Agua-Volador, monta en cólera. No deja de estar furioso hasta que lo destruye todo.

6. Dicen que, como este Pokémon de tipo Lucha-Acero es capaz de detectar auras, puede percibir a sus rivales aunque no los vea.

8. El Pokémon Electrorrana puede generar grandes cantidades de energía expandiendo y contrayendo su elástico cuerpo gracias a la dinamo de su ombligo.

10. Tiene un pelaje que repele el agua, por lo que el Pokémon Ratón Agua está seco incluso después de bañarse.

1. Como es menudo y su órgano electrógeno está poco desarrollado, este Pokémon de tipo Eléctrico-Hada absorbe electricidad de las casas con la cola para recargar sus reservas.

2. Las pinzas que posee contienen acero y pueden hacer trizas cualquier objeto por duro que sea.

4. Se comunica con los suyos emitiendo ondas. Este Pokémon de tipo Lucha puede pasarse toda una noche corriendo.

5. Este Pokémon de tipo Siniestro-Fantasma hace su guarida en cuevas oscuras. Usa sus afiladas garras para desenterrar las gemas que se come.

7. Según parece, este Pokémon de tipo Dragón-Normal ha permitido que los humanos monten en él desde tiempos remotos. Aparece en pinturas rupestres de hace diez mil años.

9. Mientras es un cachorro, los Pyroar hembra lo instruyen en la caza, pero, en cuanto madura, se separa de la manada y se independiza.

PONTE RECTO
Y DA LA TALLA

Ordena estos Pokémon del más bajo (1) al más alto (7). Tendrás que vigilar mucho, porque hay un par que miden prácticamente lo mismo. No lo olvides: si necesitas ayuda, puedes consultar la tabla con los datos de altura y peso de los Pokémon.

GREAVARD

_____

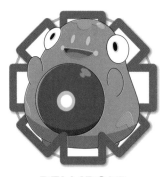

KORAIDON

_____

CETITAN

_____

SMOLIV

_____

CERULEDGE

_____

FUECOCO

_____

BELLIBOLT

_____

PATRÓN DE POKÉMON

Ha llegado el momento de completar el último reto de los patrones: tendrás que seguir estos cuatro símbolos de tipos de Pokémon (Agua, Fuego, Planta y Eléctrico) desde la casilla de inicio hasta el final. Para conseguirlo, recuerda que tienes que seguir en todo momento el patrón tal como se muestra a continuación, repitiéndolo una y otra vez hasta el final. Solo puedes moverte en horizontal y vertical.

LEYENDA

INICIO

FINAL

UN GRAN LABERINTO

Quaxly necesita ayuda para encontrar a su amigo de tipo Agua a la vez que evita cualquier Pokémon de tipo dual. ¿Puedes llevar a Quaxly hasta la salida correcta?

INICIO

FINAL

ATRÉVETE A DESCIFRARLO

¿Lo tienes todo a punto para enfrentarte al último mensaje oculto?
Es un reto que solo podrán superar los Entrenadores más fuertes.

 = A

 = B

 = C

 = D

 = E

 = F

 = K

 = O

 = L

 = N

 = P

 = R

 = S

 = T

Ningún Entrenador respetable sale de casa sin sus

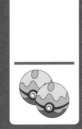

 .

SOLUCIÓN EN LA PÁGINA 94

HORA DE INCLINAR LA BALANZA

¿Te está costando ordenar los Pokémon según su peso, del que pesa menos al que pesa más? A veces la altura y el peso de los Pokémon varía mucho. Recuerda que puedes comprobar las respuestas en la tabla de referencia del principio del libro.

GREAVARD

BELLIBOLT

CYCLIZAR

QUAXLY

COLMILARGO

RESPUESTA:

 1 _____

 2 _____

 3 _____

4 _____

5 _____

6 _____

7 _____

WIGLETT

SMOLIV

¡CAPTURA LAS PALABRAS OCULTAS!

Ahora pondremos a prueba tus conocimientos sobre algunos datos aún más concretos acerca de varios Pokémon nuevos que se han descubierto en Paldea. ¿Puedes nombrar las 18 categorías a las que pertenecen? Comprueba tu respuesta en la lista y luego búscalos en la sopa de letras y rodéalos con un círculo cuando los encuentres. ¡Recuerda que tendrás que buscar en horizontal, vertical y diagonal!

```
T F U E G O D R I L O H T C S
G P D T P P I R O E S P A D A
G I M O N O V E N E N O M J G
A R R C G G E M B O S C A D A
T O H F A B R A C E I T U N A
O G C P R N P A V I A U S P M
P U O L A P F O N V D N G A O
L E N Z T R E A T C K A X T N
A R G A O B A R N P U L H I T
N R R W N L U D R T O E O T U
T E I O L S H W O I A N L O R
A R D D U Z M M A J T S I L A
W O O G O R R I N O A O M Y O
E L E C T R O R R A N A T A X
S O G E O B A L L E N A L W D
```

ACEITUNA

CAN FANTASMA

CÓNGRIDO

ELECTRORRANA

EMBOSCADA

FUEGODRILO

GATO PLANTA

GEOBALLENA

GORRINO

GRAN CUELLO

MONO VENENO

MONTURA

PARADOJA

PATITO

PERRITO

PIROESPADA

PIROGUERRERO

RATÓN

SOLUCIÓN EN LA PÁGINA 95

ORDENAR
EL DESORDEN

Échale una mano a Pikachu y a ver cuánto tardas en poner en orden el nombre de estos cinco amigos suyos, varios Pokémon que se han descubierto en la Región de Paldea. ¿Puedes mejorar tu tiempo y completar el reto un minuto antes que en la última ronda?

1

DUIHFGO

_____

2

AAFRGIIA

_____

3

DRNMIAIO

_____

4

OUCFCOE

_____

5

LVMOSI

_____

SOLUCIÓN EN LA PÁGINA 95

MISIÓN: COMPLETAR EL TEST

¡Te espera la cuarta y última ronda de esta misión! ¿Podrás mejorar tu tiempo en comparación con la última ronda? Pues preparados, listos... ¡YA!

1 ¿Cuál de estos Pokémon mide menos de 0,3 m?

- [ ] A. Pawmi
- [ ] B. Fidough
- [ ] C. Azurill
- [ ] D. Lechonk

2 ¿Cuál de estos Pokémon NO es de tipo Planta?

- [ ] A. Cyclizar
- [ ] B. Smoliv
- [ ] C. Hoppip
- [ ] D. Sprigatito

3 ¿Cuál de estos Pokémon NO es un inicial de Paldea?

- [ ] A. Quaxly
- [ ] B. Fidough
- [ ] C. Sprigatito
- [ ] D. Fuecoco

4 ¿Cuál de estos Pokémon NO evoluciona?

- [ ] A. Klawf
- [ ] B. Wiglett
- [ ] C. Girafarig
- [ ] D. Pikachu

SOLUCIÓN EN LA PÁGINA 95

PAREJAS DUALES

Dicen que a la tercera va la vencida. ¿Es lo que te pasará a ti en este reto de relacionar los Pokémon de tipo dual? ¡A ver qué tal se te da esta vez! Traza una línea desde cada Pokémon hasta los dos tipos que le corresponden.

VENONAT

MAGNEMITE

DRAGÓN-TIERRA

FANTASMA-VENENO

PLANTA-VOLADOR

NORMAL-HADA

LUCHA-DRAGÓN

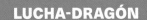

ELÉCTRICO-ACERO

PLANTA-NORMAL

BICHO-VENENO

KORAIDON

IGGLYBUFF

HOPPIP

SMOLIV

GARCHOMP

GASTLY

PISTAS
A GRAN ESCALA

¿Eres capaz de relacionar la imagen ampliada de Fuecoco con su imagen de cuerpo entero? Solo los Entrenadores con más talento podrán salir victoriosos de este reto tras rodear con un círculo la respuesta correcta.

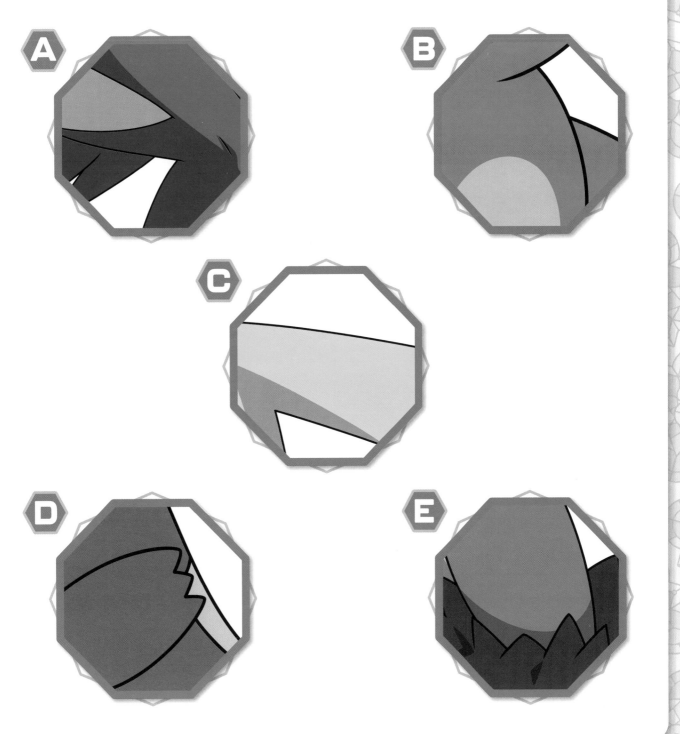

SOLUCIÓN EN LA PÁGINA 95

CAMINITO DE POKÉMON DE TIPO ELÉCTRICO

En esta última prueba, Pikachu necesita tu ayuda para recorrer este laberinto lleno de Pokémon. Pero recuerda que no puede salirse del camino que corresponde a su tipo, es decir, el camino por donde han pasado otros Pokémon de tipo Eléctrico. Empieza arriba de todo y lleva a Pikachu hasta el final del laberinto.

INICIO

FINAL

¿ERES UN EXPERTO EN PIKACHU?

¿Eres un experto en Pikachu? ¿Podrías demostrarlo? ¡Ahora tienes la oportunidad de hacerlo! Reflexiona atentamente antes de responder las siguientes preguntas. Tu puesto en la clasificación dependerá de ello.

1 Altura: _____

2 Peso: _____

3 Tipo: _____

4 Pikachu es el Pokémon _____.

5 Pikachu evoluciona a _____.

6 Cuando se enfada, descarga la _____ que almacena en el interior de las bolsas de las mejillas.

7 La debilidad de Pikachu es _____.

8 La punta de sus orejas son de color _____.

- **1-2 respuestas correctas:**
  Puedes identificar a Pikachu, pero te queda mucho por aprender.

- **3-4 respuestas correctas:**
  Todavía estás empezando a conocer a Pikachu.

- **5-6 respuestas correctas:**
  Está claro que eres muy fan de Pikachu.

- **7-8 respuestas correctas:**
  ¡Felicidades! Sin duda, eres un gran experto en Pikachu.

SOLUCIÓN EN LA PÁGINA 95

UN GRAN LABERINTO

En el centro del laberinto se encuentran los tres Pokémon iniciales de Paldea, pero cada uno tiene que encontrar el camino hasta una salida diferente. ¿Eres capaz de adivinar cuál es la salida de cada uno? Busca el símbolo de su tipo para guiarte: Sprigatito irá al símbolo de Planta, Fuecoco al símbolo de Fuego, y Quaxly al símbolo de Agua.

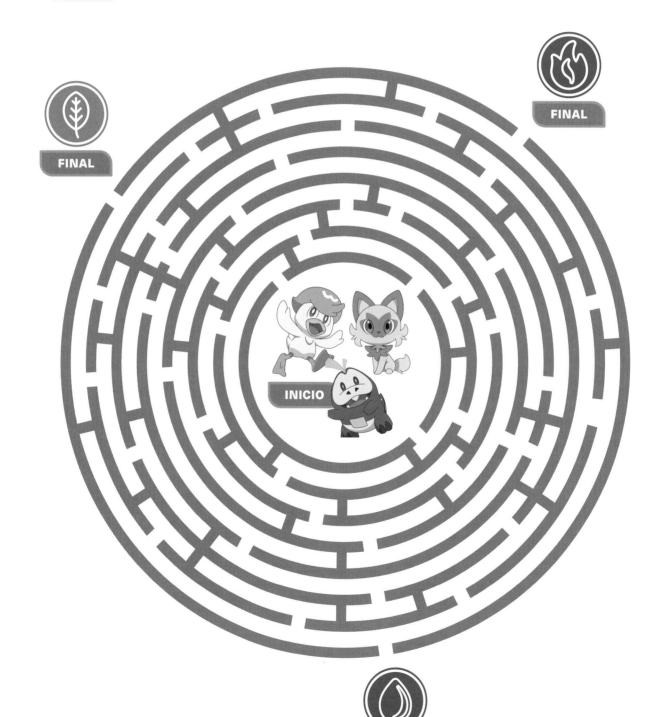

ADIVINA EL POKÉMON

Ha llegado el momento de completar la última ronda de datos de la Pokédex. ¡A ver qué tal lo haces! Si te quedas encallado y necesitas una pista, recuerda que puedes echarle un vistazo a los Pokémon que aparecen en esta página.

1
TIPO: Planta
CATEGORÍA: Gato Planta
DEBE SER:

2
TIPO: Roca
CATEGORÍA: Emboscada
DEBE SER:

3
TIPO: Fantasma
CATEGORÍA: Can Fantasma
DEBE SER:

4
TIPO: Normal
CATEGORÍA: Gorrino
DEBE SER:

5
TIPO: Eléctrico
CATEGORÍA: Ratón
DEBE SER:

6
TIPO: Veneno-Normal
CATEGORÍA: Mono Veneno
DEBE SER:

SOLUCIÓN EN LA PÁGINA 95

ROMPECABEZAS POKÉMON

Ahora tienes que ayudar a Fuecoco a encontrar las piezas que le faltan en el rompecabezas. Recuerda que cada pieza encaja solamente en un sitio en concreto. ¡Traza una línea desde cada pieza suelta hasta el lugar que le corresponde para completar el puzle!

SOLUCIÓN EN LA PÁGINA 95

DESAFÍO SUDOKU

Para completar este reto, tienes que usar estas cuatro bayas diferentes para rellenar la tabla que hay a continuación. Te hemos puesto cuatro bayas para que empieces con buen pie, y ahora solo tienes que añadir el resto, pero recuerda que cada baya solo la puedes usar una vez en cada columna y fila. Tampoco puedes repetir la misma baya dentro de los cuadrados más pequeños de 4 × 4 que están marcados en la tabla.

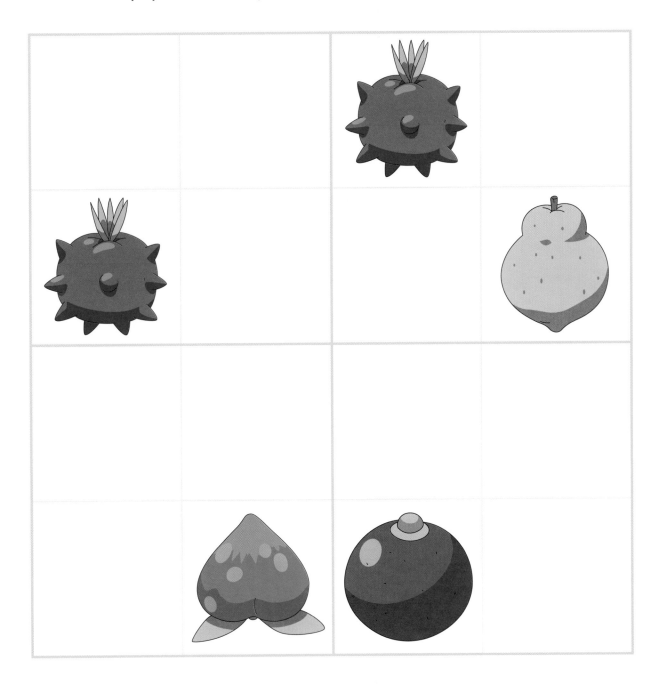

SOLUCIÓN EN LA PÁGINA 95

RETO DEL CRUCIGRAMA

Esta es la última oportunidad que tienes para poner a prueba tus habilidades con los crucigramas. Identifica los diez Pokémon que se describen en la página siguiente. Las pistas, si es que las necesitas, son los Pokémon que aparecen en estas páginas. ¡Mucha suerte!

HORIZONTAL

4. El Pokémon Ardillalec posee bolsas de electricidad en las mejillas. Descarga por la cola la electricidad que acumula.

7. El Pokémon Piroguerrero evolucionó al portar la armadura de un guerrero de renombre. Este Pokémon destaca por su gran lealtad.

8. Al no poder ver, su forma de percibir el entorno es mordisquear todo lo que encuentra, incluido su Entrenador hasta que se familiariza con él.

9. Si este Pokémon de tipo Psíquico dejara de saltar, se debilitaría. La perla que lleva en la cabeza amplifica sus poderes psíquicos.

10. Este Pokémon de tipo Planta desprende un olor dulce que reanima a cualquiera y que es popular como aroma de desodorante.

VERTICAL

1. Estos Pokémon de tipo Lucha combaten lanzando bayas duras. Ignoran por completo a los Entrenadores que no saben lanzar una Poké Ball correctamente.

2. Cuando es pequeño es muy cariñoso. A medida que crece se vuelve más agresivo, pero la lealtad hacia su Entrenador perdura para siempre.

3. Si se expone al aura de la luna, los anillos de su cuerpo relucen y adquiere un poder misterioso.

5. Feliz de haber desarrollado al fin sus alas y de poder volar por el cielo, calcina con sus llamas todos los campos que sobrevuela.

6. Las afiladas llamas que cubren los brazos de este Pokémon Fuego-Fantasma están avivadas por la frustración de un espadachín que cayó antes de poder cumplir su cometido.

CONECTA
LA POKÉ BALL

Con un trazo firme, cuenta hasta 25 y conecta los puntos para
revelar la Poké Ball que se oculta en esta página.

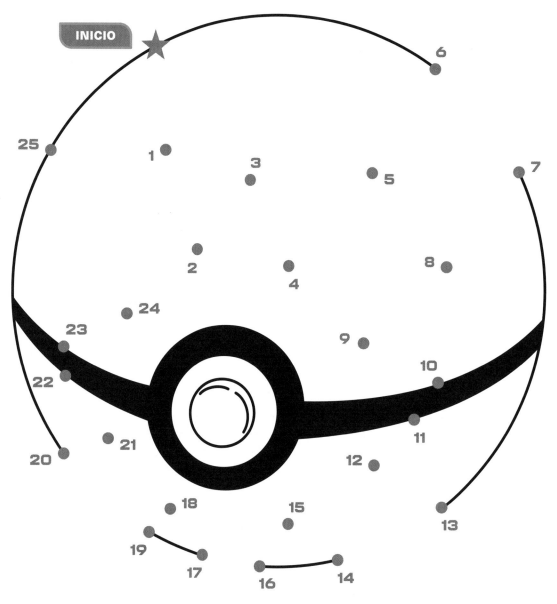

INICIO

SOLUCIÓN EN LA PÁGINA 96

HORA DE INCLINAR LA BALANZA

Inclina la balanza una vez más y ordena estos Pokémon por peso: del que pesa menos al que pesa más. Si hace falta, puedes consultar la tabla con los datos de altura y peso de los Pokémon.

CERULEDGE

SPRIGATITO

KORAIDON

FARIGIRAF

FIDOUGH

RESPUESTA:

1 _____

2 _____

3 _____

4 _____

5 _____

6 _____

7 _____

LECHONK

ARMAROUGE

SOLUCIÓN EN LA PÁGINA 96

ORDENAR EL DESORDEN

¿Crees que podrás conseguir tu mejor tiempo en este reto de ordenar los nombres desordenados? A ver cuánto tardas en ayudar a Pikachu a ordenar el nombre de estos cinco amigos. Todos ellos son Pokémon que se han descubierto en Paldea. Preparados, listos... ¡YA!

1

RGMREUAOA

_____

2

AAVDRREG

_____

3

LBTOLBLEI

_____

4

LWKFA

_____

5

RDNOAKIO

_____

TU EQUIPO POKÉMON IDEAL

Si pudieras crear tu equipo Pokémon ideal usando seis de los nuevos Pokémon de Paldea para que te acompañasen en todas tus aventuras, ¿a cuáles escogerías y por qué? Puedes basar tus decisiones en lo que sea más importante para ti: tipo, tamaño, si es mono o no, etc.

1 Escogería a _____

porque _____.

2 Escogería a _____

porque _____.

3 Escogería a _____

porque _____.

4 Escogería a _____

porque _____.

5 Escogería a _____

porque _____.

6 Escogería a _____

porque _____.

BUSCA Y ENCUENTRA EN PALDEA

¡Prepárate para el reto final! Repasa todo el libro (páginas 6-85) y fíjate en cuántas veces aparecen en los diferentes retos y actividades todas estas ilustraciones, incluyendo algunos de los nuevos Pokémon que se han descubierto en la Región de Paldea.

¿CUÁNTAS VECES HAS VISTO LAS SIGUIENTES ILUSTRACIONES...?

¿Y ESTAS PALABRAS...? ¡CUIDADO, TIENEN QUE SER EXACTAS!

ARMAROUGE _____

BELLIBOLT _____

CERULEDGE _____

CETITAN _____

COLMILARGO _____

CYCLIZAR _____

FARIGIRAF _____

FIDOUGH _____

FUECOCO _____

GRAFAIAI _____

GREAVARD _____

KLAWF _____

KORAIDON _____

LECHONK _____

MIRAIDON _____

PAWMI _____

PIKACHU _____

QUAXLY _____

SLOWBRO _____

SMOLIV _____

SPRIGATITO _____

WIGLETT _____

ACERO _____

AGUA _____

BICHO _____

DRAGÓN _____

ELÉCTRICO _____

FANTASMA _____

FUEGO _____

HADA _____

HIELO _____

LUCHA _____

NORMAL _____

PLANTA _____

PSÍQUICO _____

ROCA _____

SINIESTRO _____

TIERRA _____

VENENO _____

VOLADOR _____

PALDEA _____

POKÉMON _____

POKÉ BALL _____

SOLUCIÓN EN LA PÁGINA 96

¡MUCHAS FELICIDADES!

Has completado los retos y has demostrado
que conoces muy bien la Región de Paldea.
Escribe la fecha y firma el certificado. ¡Te lo has ganado!

NOMBRE: _____

FECHA DE INICIO: _____

FECHA DE FINAL: _____

SOLUCIONARIO

PÁGINA 7

SPRIGATITO, FUECOCO Y QUAXLY SON LOS POKÉMON INICIALES DE PALDEA.

PÁGINA 8

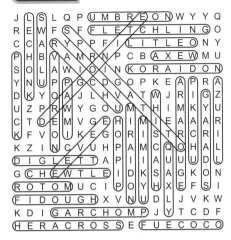

J L S L Q P U M B R E O N W Y Y Q
R E W F S F F L E T C H L I N G O
C A R Y P P F I L I T L E O N Y
P S V A M R N P C B A X E W M U
S Y N L A W I O I N K O R A I D O N
D K U P P G C D G O P K E A P R A
U Z O A J L H V A T W J R I G Z
C T D E M V G E H I M E A C Z U
K F V O U K E G O P A M C H R A R
K Z I N C V U H P A M I C Q O A I
D I G L E T T A P I I A U U D L
G C H E W T L E P I D K S A G K O
R O T O M U C I P O Y H X E F S I
F I D O U G H X V N U D L J V K W
K D I G A R C H O M P J Y T C D F
H E R A C R O S S E F U E C O C O

PÁGINA 9

C

PÁGINA 10

1. CERULEDGE   2. FARIGIRAF   3. PAWMI

4. QUAXLY   5. WIGLETT

PÁGINA 11

PÁGINA 12

1. C) LECHONK
2. D) SMOLIV
3. C) SPRIGATITO
4. B) KORAIDON

PÁGINA 13

1. VERDADERO
2. VERDADERO
3. FALSO
4. FALSO
5. VERDADERO
6. FALSO
7. FALSO
8. VERDADERO
9. FALSO
10. VERDADERO

PÁGINA 14

1. MIRAIDON
2. CETITAN
3. KORAIDON
4. FUECOCO
5. CERULEDGE
6. COLMILARGO

PÁGINA 15

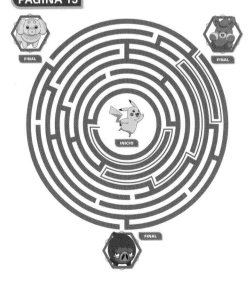

PÁGINA 16

1. FIDOUGH	0,3 m		4. KLAWF	1,3 m
2. QUAXLY	0,5 m		5. CYCLIZAR	1,6 m
3. WIGLETT	1,2 m		6. FARIGIRAF	3,2 m

PÁGINA 17

ARMAROUGE — FUEGO-PSÍQUICO
CERULEDGE — FUEGO-FANTASMA
FLETCHLING — NORMAL-VOLADOR
GRAFAIAI — VENENO-NORMAL
GYARADOS — AGUA-VOLADOR
KROKOROK — TIERRA-SINIESTRO
LARVITAR — ROCA-TIERRA
SWABLU — NORMAL-VOLADOR

PÁGINA 18

PÁGINA 19

ESTE POKÉMON DE TIPO NORMAL, LECHONK, SIEMPRE ESTÁ BUSCANDO COMIDA CON SU GRAN SENTIDO DEL OLFATO.

PÁGINA 20

PÁGINA 21

PÁGINA 22

PÁGINA 24

1. BOUNSWEET

2. LEAFEON

3. HOPPIP

4. STEENEE

5. LURANTIS

6. CACNEA

PÁGINA 25

1. 0,5 m
2. 6,1 kg
3. AGUA
4. PATITO

5. QUAXWELL
6. SOMBRERO
7. AGUA, MUGRE
8. PLANTA, ELÉCTRICO

PÁGINA 26

PÁGINA 27

NO TODOS LOS POKÉMON TIENEN UNA EVOLUCIÓN.

PÁGINA 28

SPRIGATITO **LECHONK** **FUECOCO** **QUAXLY**

GRAFAIAI **ARMAROUGE** **CYCLIZAR** **CETITAN**

PÁGINA 29

```
H D I A E N I O O M V E M E Y
K R A S C A B M M T E X P Q I
D A S A X E N I H I N P P E V
Q G I G F E R N C E E L S T O
I O N F A B L O C H N A I N L
T I U N H Y E W O N T U N C A
E M E T Y J P C V H Z A I A D
R S G A G U A H T Z A N C Y O
R W T O S H X D I N R O C Y R
A V R P M V Q N G H D I O T W
B O C A I M J C T R O C A O
L U C H A L H A D A X U Q G
D C U H I E L O G G R M O N H
O J T I G G T X U Q O L R A C
R E M D V N O R M A L O J H I
```

PÁGINA 30

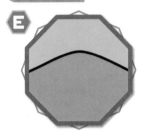

PÁGINA 31

1. B) GREAVARD
2. D) GYARADOS
3. D) CERULEDGE
4. A) CETITAN

PÁGINA 32

1. PAWMI — 2,5 kg
2. FUECOCO — 9,8 kg
3. GRAFAIAI — 27,2 kg
4. KLAWF — 79,0 kg
5. MIRAIDON — 240,0 kg
6. CETITAN — 700,0 kg

PÁGINA 33

PÁGINA 34

1. 0,5 m
2. 10,2 kg
3. NORMAL
4. GORRINO
5. OINKOLOGNE
6. OLFATO
7. COMIDA
8. ROSA

PÁGINA 35

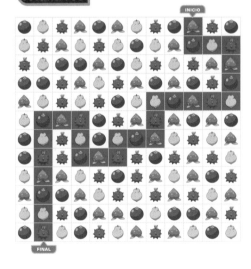

PÁGINA 36

1. CETITAN **2. CYCLIZAR** **3. COLMILARGO** **4. LECHONK** **5. SPRIGATITO**

1. PSYDUCK 2. MAGIKARP 3. GASTRODON 4. MARILL 5. CHEWTLE 6. VAPOREON

PÁGINA 38

PÁGINA 39

PÁGINA 40

1. BELLIBOLT, CETITAN, FIDOUGH, FUECOCO, GREAVARD, KLAWF, LECHONK, PAWMI, QUAXLY, SPRIGATITO, WIGLETT
2. COLMILARGO, CYCLIZAR, KLAWF, KORAIDON, MIRAIDON
3. COLMILARGO, FARIGIRAF, FIDOUGH, GREAVARD, LECHONK, PAWMI, SPRIGATITO
4. MIRAIDON, KORAIDON
5. FIDOUGH, FUECOCO, LECHONK, PAWMI, QUAXLY, SMOLIV, SPRIGATITO
6. ARMAROUGE, CERULEDGE, COLMILARGO, CYCLIZAR, FARIGIRAF, GRAFAIAI, KORAIDON, MIRAIDON, SMOLIV
7. ARMAROUGE, BELLIBOLT, CERULEDGE, CETITAN, COLMILARGO, CYCLIZAR, FARIGIRAF, KLAWF, KORAIDON, MIRAIDON
8. CETITAN, COLMILARGO, CYCLIZAR, FARIGIRAF, FIDOUGH, FUECOCO, GRAFAIAI, GREAVARD, KORAIDON, LECHONK, MIRAIDON, PAWMI, QUAXLY, SPRIGATITO

PÁGINA 41

1. FALSO
2. FALSO
3. VERDADERO
4. FALSO
5. VERDADERO
6. FALSO
7. FALSO
8. VERDADERO
9. VERDADERO
10. VERDADERO

PÁGINA 42

```
        ¹K
²C O L M I L A R ³G O
  L                R
  A          ⁴B    A
  W          A     F
  F          G     A
          ⁵F  O    I
⁶P E R S I A N     A
          D   Ř A I C H U
          ⁸Z O R U A L
          U       L
        ⁹W I G L E T T
          H       S
```

PÁGINA 44

```
S P R I G A T I T O Y Y   L H B X
G O Y P A W M I Q L W E Z E D N
V C W A H O Q Q X I D C L L D Q
L O R R V M T A A R B H O L I V
P L G M M Y U L A P Z O N V K B N
D M I A L Q R V M R R K H O I A
O I R R C I A P L E F K N D L T
F L F O V E D R G A F N O E T F
I A A U R T A D R T O I C S K I
D R I G U Z E I T A M L T L U
O A G E I L G E I R B S I A F E
U A I L U I L A O G I O K W C
G C C R R G R K R P N A T A O
H Y E A I I Y T N J Q L A W C
C C F W M I A Y N O M V I N I O
```

PÁGINA 45

1. 0,4 m
2. 4,1 kg
3. PLANTA
4. GATO PLANTA
5. FLORAGATO
6. SE LAVA LA CARA
7. ROSA
8. PLANTAS

PÁGINA 46

1. SMOLIV
2. QUAXLY
3. FIDOUGH
4. BELLIBOLT
5. ARMAROUGE
6. CYCLIZAR

PÁGINA 47

EL POKÉMON QUE APARECE EN ESTA PÁGINA ES DE TIPO DUAL.

PÁGINA 48

1. FLAREON

2. TORKOAL

3. ARCANINE

4. GROWLITHE

5. ARMAROUGE

6. CERULEDGE

PÁGINA 49

1. D) BELLIBOLT
2. A) FINNEON
3. C) GRAFAIAI
4. A) CETITAN

PÁGINA 50

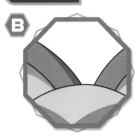

B

PÁGINA 51

1. PAWMI 0,3 m
2. SPRIGATITO 0,4 m
3. LECHONK 0,5 m
4. GRAFAIAI 0,7 m
5. ARMAROUGE 1,5 m
6. COLMILARGO 2,2 m
7. MIRAIDON 3,5 m

PÁGINA 52

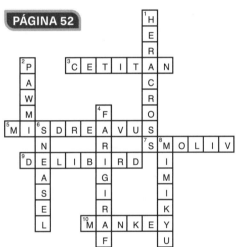

PÁGINA 54

PÁGINA 55

PÁGINA 56

CYCLIZAR	DRAGÓN-NORMAL
DRAGONITE	DRAGÓN-VOLADOR
FARIGIRAF	NORMAL-PSÍQUICO
COLMILARGO	TIERRA-LUCHA
HAUNTER	FANTASMA-VENENO
MIRAIDON	ELÉCTRICO-DRAGÓN
ROTOM	ELÉCTRICO-FANTASMA
SLOWBRO	AGUA-PSÍQUICO

PÁGINA 57

1. 0,4 m
2. 9,8 kg
3. FUEGO
4. FUEGODRILO
5. CROCALOR
6. ROCAS
7. ENERGÍA ÍGNEA
8. AGUA, TIERRA, ROCA

PÁGINA 58

PÁGINA 59

1. FALSO
2. VERDADERO
3. FALSO
4. VERDADERO
5. VERDADERO
6. FALSO
7. VERDADERO
8. VERDADERO
9. FALSO
10. VERDADERO

PÁGINA 60

PÁGINA 61

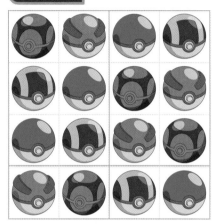

PÁGINA 62

PÁGINA 64

1. SMOLIV	0,3 m
2. FUECOCO	0,4 m
3. GREAVARD	0,6 m
4. BELLIBOLT	1,2 m
5. CERULEDGE	1,6 m
6. KORAIDON	2,5 m
7. CETITAN	4,5 m

PÁGINA 65

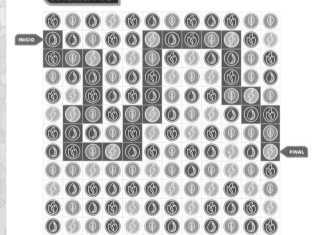

PÁGINA 66

PÁGINA 67

NINGÚN ENTRENADOR
RESPETABLE SALE
DE CASA SIN SUS
POKÉ BALLS.

PÁGINA 68

1. WIGLETT	1,8 kg		5. CYCLIZAR	63,0 kg
2. QUAXLY	6,1 kg		6. BELLIBOLT	113,0 kg
3. SMOLIV	6,5 kg		7. COLMILARGO	320,0 kg
4. GREAVARD	35,0 kg			